こどもとつくる！
かんたん米粉おやつ

RICE
FLOUR
BOOK

Sayo
さよ

JN048539

KADOKAWA

はじめに

私が米粉に出合ったのは、息子が2歳のころ。
地元をはなれ、誰も知り合いがいない中で子育てがスタートし、そんなとき公民館の子育てサークルに思い切って参加したところ、同じマンションのママ友に誘われ、一緒に米粉のパウンドケーキをつくったのです。
これまで、バレンタインなどのイベントのときにお菓子を手づくりすることはあったけれど、当時の私には、「お菓子づくりって難しい」というイメージがありました。

でも、パウンドケーキをつくって思ったのが、計量しながら混ぜていくだけでこんなにかんたんにできるの？という驚き。そして、私にもできた！っていう喜びです。息子もとってもおいしそうに食べていて、そのとき米粉のおいしさを知りました。

この出合いがきっかけで、米粉の魅力に目覚め、お菓子づくりが好きになりました。
そんなタイミングで、何か発信したいとInstagramを始めることになります。

その後、米粉を独学で調べていくうちにからだにもやさしいことを知りました。
さらに、米粉を使うメリットは、以下のようにたくさんあります。
・ふんわり軽い
・満腹感があるのに胃もたれしない
・油の吸収を抑えられてヘルシー
・いろんな食感が楽しめる
・栄養価が高い
・小麦のアレルギーがあっても食べられる

うちの息子をはじめ、我が家はアレルギーがあるわけではないですが、米粉を使うようになってからは、お料理も全て米粉に切り替えました。もちろん、小麦粉を使うお料理もとてもおいしいのですが、米粉の魅力にすっかりハマってしまったのです。

米粉の可能性は無限大です！
米粉を使うようになってからは、からだの不調や、肌荒れなども減ったように感じています。

また、米粉は水につけるとサラッと流れてくれるので洗い物も楽です。粉をふるわなくてもよく、いくら混ぜても〇Kなので、こどもとつくるときも、こどもをストップさせることなく、こどもが混ぜたいだけ混ぜられるというメリットもあります。

米粉おやつの発信を続けるうちに、たくさんの方から「おいしかった!」「こどもがパクパク食べてくれた!」「家族に好評でした!」「何度もつくってます!」「こどもと一緒につくりました!」そんなうれしいお声が届くようになりました。

そして「いつか本という形で親子で一緒に楽しめるレシピをお届けできたらいいな!」と思っていたところに、出版のお話をいただき、この度書籍を出させていただくことになりました。

私自身、すごくめんどくさがりやなので、本書で紹介しているお菓子も、なるべくかんたんにつくれるレシピになっています。また、材料も道具も、近所のスーパーや100円ショップでそろえられるものが多いです。

これまで、Instagramから、いろいろなリクエストをみなさんからいただいていて、この本のレシピはそんなみなさんの声をもとに考えました。

子育てをしていると、常に心穏やかに過ごすのは、正直難しい日も多いですよね……。
私も感情的に怒ってしまったりして、後悔することもしばしば。でもおいしいものを食べると思わず笑顔になれたり、ほっこりした気持ちになれたりします。

この本を手に取ってくださった方にそんな気持ちになってもらえたらうれしいです。

さよレシピのポイント

Point 1　かんたん！

全レシピ3ステップで完成するから、忙しいママ・パパ
も、小さなお子さんと一緒でも、ちゃんとおいしくでき
あがります。
米粉は後片づけも楽ですし、ふるわなくてもダマになり
にくいので、時短にも最適！
レシピはいずれも、「この食材にすれば手軽につくれそ
う！」「この工程はまとめられないか？」そんなことを
考えながら試作を重ねた自信作です。

Point 2　旬の食材を味わえる！

季節の野菜やフルーツを、食べやすいおやつにアレンジしました。
現役ママの私だからこそ分かる、ママの気持ちやこどもの喜ぶものを徹
底的に考えました。「こどもには、できるだけからだにやさしいものを」
と思っている方にもうれしい、栄養たっぷりなおやつばかりです。
甘いものだけでなく、おかず系おやつや、和菓子、ひんやりスイーツな
どもご紹介していますから、1年を通じていつでも季節を楽しめて、食
育にもつながります。

Point 3

つくるを通じて食べるを
もっと好きに!

おやつづくりは粘土遊びや実験にも似ていて、お子さんにとってもわくわくがいっぱい。偏食のお子さんが、興味を持つきっかけづくりにもおすすめです。

つくるときには、レシピの「準備」の項目を終わらせてから、お子さんを呼びましょう。

汚れても片づけやすいように、テーブルや床に新聞紙などをしいておくのもおすすめです。

「お子さんと一緒に!」のマークがついたプロセスは、失敗しにくく、お子さんが楽しく手を動かせる工程です。ぜひ一緒にトライしてみてください。

生地などのやわらかいものを切るときは、包丁の代わりにスケッパーやテーブルナイフを使ってもらうと安心です。

「こどもと楽しむコツ」については、44ページのCOLUMN ❷でも詳しく紹介していますので、あわせてお読みください。

お子さんと一緒に!
あんこで
包みましょう!

CONTENTS

こどもとつくる！
かんたん米粉おやつ

毎日食べたいやさしい甘さ
いつものおやつ

かわいい見た目にもワクワク
春のおやつ

ひんやり涼しげ＆元気をチャージ！

夏のおやつ

ほっこり濃厚な味わいに大満足

秋のおやつ

イベントにも活用できて楽しい！

冬のおやつ

この本で使用している米粉について

26ページのCOLUMN ❶でもご紹介していますが、
米粉には商品によって特徴があります。
この本では、米粉を

| サラサラタイプ | ドロドロタイプ |

の２つにわけて、どちらを使ったかを
それぞれのレシピでも紹介していますので
ぜひ参考にしてください。

［この本の使い方］

・バターは無塩バターを使います。

・計量単位は、小さじ1＝5ml、大さじ1＝15mlです。

・オーブンの焼き時間は、あくまでも目安です。本書では電子レンジと一体型のオーブンを使用しています。型の大きさや深さ、材質、オーブンの機種によっても差がありますので、お持ちのオーブンの特徴に合わせて調整してください。

・お子さんと一緒につくる場合には、必ず大人が見守り、包丁やナイフ、火の取り扱いには十分注意してください。

・Instagramに投稿しているレシピとは、材料やつくり方が異なる場合があります。

毎日食べたいやさしい甘さ

いつもの
おやつ

プレーンクッキーやピザ、ドーナツなど、米粉のおいしさを実感できて、毎日の朝食やおやつに大活躍の定番レシピを紹介します。材料もバナナやごまなど、スーパーでいつでも買える食材ばかりなので、気軽につくることができます！

しっとりもっちりのやさしい味わい

米粉のバナナチョコチップ パウンドケーキ

材料 （18㎝のパウンド型1本分）

米粉（サラサラタイプ）⸺ 100g
ベーキングパウダー ⸺ 4g
完熟バナナ ⸺ 小1本
A｜卵 ⸺ 2個
　｜きび砂糖 ⸺ 50g
米油 ⸺ 60g
チョコチップ ⸺ 30〜40g

Point

Instagramで大人気、リピNo.1のレシピ。混ぜて焼くだけなのも人気の秘密。完熟バナナを使うのがポイントです。

準備 ・材料を計量する
　　　・卵は室温にもどす
　　　・型にオーブンシートをしいておく
　　　・オーブンは180度に予熱する

つくり方

1.
ボウルにバナナを入れ、フォークなどでしっかりつぶし、Aを加えホイッパーでもったりするまで混ぜ、さらに米油を加えて混ぜ合わせる。

2.
米粉とベーキングパウダーを加えてヘラで混ぜ、チョコチップ（トッピング用に少し取り分ける）を加えて混ぜる。

3.
型に生地を流し込み、取り分けたチョコチップをのせ、オーブンで約30〜35分焼く。焼き始め10分で、生地の真ん中に長辺にそって、縦にナイフで切れ目を入れる。竹串を刺して、生地がつかなければ完成。

お子さんと一緒に！

バナナをフォークでつぶしましょう！

ごまのW使いで香ばしい！

オートミールの
ごまごまクッキー

材料 （6枚分）

米粉（ドロドロタイプ）── 20 g
オートミール ── 50 g
A｜メープルシロップ ── 大さじ3
　｜無調整豆乳 ── 大さじ2
　｜米油 ── 大さじ2
　｜塩 ── ひとつまみ
黒すりごま ── 大さじ1
黒いりごま ── 大さじ1

‖　‖　‖　‖　‖

Point

すりごまといりごまのW
使いで、ごまの香ばしさ
がアップ。ザクザク食感
がクセになります。型抜
きも不要なのでお手軽。

準備
　・材料を計量する
　・天板にオーブンシートをしいておく
　・オーブンは180度に予熱する

つくり方

1.
ボウルにAを入れ、ホ
イッパーでよく混ぜ合わ
せる。

2.
米粉、オートミール、黒
すりごま、黒いりごまを
加えてスプーンで混ぜる。

3.
生地を6等分し、オーブ
ンシートにのせて平たい
丸に形を整える。オーブ
ンで18〜20分、こんが
りするまで焼く。

お子さんと一緒に！

スプーンなどで
丸く形を整えて！

もっちり＆カリッの食感が楽しい！

発酵いらずの米粉ピザ

材料 （直径15cmのピザ1枚分）

[ピザ生地]

A　米粉（サラサラタイプ）…… 50g
　　片栗粉 …… 大さじ1/2
　　オリーブオイル …… 小さじ1
　　ベーキングパウダー …… 2g
水 …… 35ml

[トッピング]

ウインナー …… 1本
コーン …… 約20g
ケチャップ …… 大さじ1
ピザ用チーズ …… 適量
パセリ …… 適量

‖　‖　‖　‖　‖

Point

みなさんからリクエストいただいた発酵させなくてもOKの時短＆かんたんピザ。好きな具材をトッピングして楽しんで！

準備

・材料を計量する
・オーブンは180度に予熱する

つくり方

1.

ボウルにAを入れて手で混ぜ合わせ、水を数回に分けて加えて混ぜ、水の量を調整しながら耳たぶぐらいのやわらかさにする。

2.

オーブンシートの上で、麺棒などで生地を直径約15cmの円にのばし、シートごと天板にのせる。

お子さんと一緒に！

生地を麺棒で
のばしましょう！

3.

のばした生地にケチャップをぬり、輪切りにしたウインナー、コーン、チーズをトッピングする。オーブンで13〜15分焼き、パセリをちらす。

ついつい手がのびる軽い食感

米粉のチョコスコーン

材料 （6個分）

A｜米粉（サラサラタイプ）── 150 g
　｜ベーキングパウダー── 5 g
　｜塩── ひとつまみ
　｜きび砂糖── 30 g
　｜無塩バター── 50 g
無調整豆乳── 70〜80 g
板チョコ── 1枚（50 g）

準備 ・材料を計量する
　　　・バターはサイコロ状に切って冷やしておく
　　　・豆乳は冷やしておく
　　　・チョコは割る
　　　・オーブンは200度に予熱する

‖　‖　‖　‖　‖

Point

バターと豆乳は使う直前
まで冷蔵庫でしっかり冷
やして。シリコン製のス
ケッパーがあるとカット
するときに便利。

つくり方

1.

ボウルにAを入れ、手早
く両手ですり合わせポロ
ポロにする。豆乳を数回
に分けて加えて手で混ぜ、
チョコを加えて混ぜる。

2.

生地をひとかたまりにし
たら、スケッパーで生地
に切りこみを入れて半分
に折りたたみ、手で上か
ら軽くおさえる。これを
数回繰り返す。

3.

オーブンシートに2をの
せ、丸く形を整え6等分
にカットする。シートご
と天板に並べ、オーブン
で18〜20分焼く。

お子さんと一緒に！

まとめた
生地の切り分けを！

罪悪感ゼロのヘルシーグラノーラ

チョコグラノーラ

材料 （つくりやすい分量）

米粉（ドロドロタイプ）── 20 g
オートミール ── 90 g
A | メープルシロップ ── 40 g
　 | 米油 ── 25 g
　 | 塩 ── ひとつまみ
チョコチップ ── 40 g

‖ ‖ ‖ ‖ ‖

Point

ヘルシーな材料だけでつくられたグラノーラはからだにもやさしい。多めにつくって、ヨーグルトやアイスのトッピングにも！

準備

・材料を計量する
・天板にオーブンシートをしいておく
・オーブンは150度に予熱する

つくり方

1.

ボウルにAを入れ、ホイッパーでしっかり混ぜ合わせる。

2.

米粉、オートミール、チョコチップを加えてヘラで混ぜ合わせる。

お子さんと一緒に！

材料をよく
混ぜましょう！

3.

天板全体に2を広げるようにのせ、オーブンで30分焼く。焼き始め15分で、グラノーラを裏返すように上下をざっくり入れ替える。

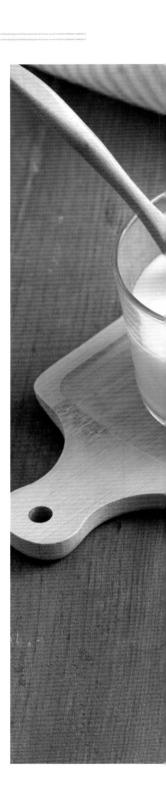

豆腐の風味がほのかに香る

豆腐のもちもちパンケーキ

材料 （直径約10㎝×3枚分）

米粉（サラサラタイプ）…… 90 g
ベーキングパウダー …… 4 g
絹豆腐 …… 75 g（水切り不要）
A｜無調整豆乳 …… 60 g
　｜メープルシロップ …… 大さじ1
　｜米油 …… 大さじ1

準備 ・材料を計量する

‖　‖　‖　‖　‖

Point

あえて甘さは控えめ。バ
ターやはちみつ、メープ
ルシロップ、チョコソー
ス、生クリームなどを
トッピングしても。

つくり方

1.

ボウルに豆腐を入れ、ホ
イッパーでなめらかにな
るまで混ぜ、Aを加えて
よく混ぜ合わせる。

2.

米粉とベーキングパウ
ダーを加えてホイッパー
で混ぜる。

3.

フライパンを熱したら米
油（分量外）をぬり、生地
の1/3量を丸くなるよう
に流し込む。こんがり焼
き色がついたら裏返して
焼く。同様に2枚焼く。

お子さんと一緒に！

混ぜるのをお手伝い！

材料3つであっという間に焼きあがる！

米粉のシンプルクッキー

材料 （高さ4×横6cmの星型約23枚分）

米粉（ドロドロタイプ）⋯⋯ 80g
A｜無塩バター ⋯⋯ 30g
　｜メープルシロップ ⋯⋯ 30g

準備
・材料を計量する
・バターは室温にもどす
・天板にオーブンシートをしいておく
・オーブンは170度に予熱する

‖　‖　‖　‖　‖

Point

米粉クッキーは生地がまとまりにくいので、生地同士をギュッとくっつけます。型抜きの際はそっとやさしく扱って！

つくり方

1.

ボウルにAを入れ、ヘラで混ぜ合わせる。米粉を加え、さらにすり込むように混ぜる。

2.

ポリ袋に1を入れ、生地がひとまとまりになるよう、手でギュッとおさえながらまとめる。

3.

生地を袋に入れたまま麺棒で厚さ約0.5cmにのばしたら、袋をハサミで切る。生地をクッキー型で抜いて天板に並べる。オーブンで13～15分焼く。

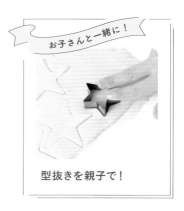

お子さんと一緒に！

型抜きを親子で！

いくらでも食べられそうなシンプルな味わい

米粉のプレーン焼きドーナツ

材料 （直径約7cmのドーナツ型6個分）

米粉（サラサラタイプ）── 100g
アーモンドプードル ── 20g
ベーキングパウダー ── 4g
A｜卵 ── 1個
　｜きび砂糖 ── 30g
B｜無調整豆乳 ── 60g
　｜米油 ── 40g

準備
・材料を計量する
・アーモンドプードルはふるう
・卵は室温にもどす
・オーブンは180度に予熱する

‖　‖　‖　‖　‖

Point

型は100円ショップなど
で売っているシリコン製
を使用。野菜パウダーや
チョコチップを入れたり
すればアレンジは無限。

つくり方

1.
ボウルにAを入れ、ホ
イッパーでよく混ぜ合
わせ、さらにBを加えて
しっかり混ぜる。

2.
米粉、アーモンドプード
ル、ベーキングパウダー
を加え、ヘラで混ぜる。

お子さんと一緒に！
米粉などをボウルに！

3.
天板の上に型を置き、型
に薄く米油（分量外）をぬ
り、生地を流し入れる。
オーブンで13〜15分焼
く。粗熱が取れたら、型
からはずす。

米粉について

特徴を知って使い分けを

米粉は、お米を細かく粉砕して粉にしたものです。昔から日本で和菓子やおせんべいなどに使われてきましたが、クッキーやマフィンなどの洋菓子も、米粉で小麦粉と同じようにつくることができます。

ただし米粉は①米の品種、②製造方法で水分の吸いやすさが変わり、さらにメーカーごとにも大きく特徴が異なります。

そこでこの本では、ふんわり仕上げたいマフィンやケーキには水分を吸収しにくいサラサラタイプ、クッキーなどのザクザクしたもの、揚げ物には水分を吸収しやすいドロドロタイプを使っています。それ以外のタイプの米粉でもつくれますが、水分調整が必要となるので、慣れるまではレシピ通りの米粉がおすすめです。どちらもスーパーで比較的手軽に購入しやすいものです。

また、パン用の米粉は膨らみやすく加工してあったり、小麦グルテンが添加されている場合もあるので、製菓用の米粉を選びましょう。

米粉のおやつはごはんと一緒で、時間が経つと固くパサつくので、ぜひできたてのふんわりおいしいうちに食べてほしいです。時間が経った場合はレンジで温めなおすと、ある程度食感がもどります。

小麦粉よりも酸化が早いので、開封後は密閉し、冷蔵庫に入れて保存するといいでしょう。

同量の水で溶かすとタイプが違うのがよく分かります。左がサラサラタイプで、右がドロドロタイプ。

サラサラタイプ

**米の粉
（共立食品）**
超微粒子でダマになりにくい。キメも細かくふんわり仕上がる。

**製菓用米粉
（富澤商店）**
新潟県産うるち米100％。粒子が細かいため小麦粉感覚で使える。

**菓子用米粉
ミズホチカラ
（cotta）**
米粉用に開発された熊本県産のお米「ミズホチカラ」を使用。

ドロドロタイプ

**サクッ！と
仕上がるお米の粉
（波里）**
同じ波里の「もっちり！仕上がるお米の粉」は、グルテン入り。

**米粉
（もへじ）**
天ぷらなどの揚げ物、ホットケーキやチヂミなどにも使いやすい。

⭐ 今回使ったのはこちら！

かわいい見た目にもワクワク

春のおやつ

いちごや桜の花、抹茶などを使った春らしくて華やかなおやつはもちろん、新じゃがや新玉ねぎなど、春ならではのお野菜を使った軽食に近いおやつも。これらのおやつ持参で、お花見や近所の公園でピクニックも楽しい♪

甘さ控えめ、ふんわり食感！

米粉のいちごカップシフォン

RICE FLOUR
SPRING

材料

（直径約6×高さ5cmのマフィンカップ6個分）

米粉（サラサラタイプ）── 60 g
卵 ── 3個
きび砂糖 ── 60 g
A｜米油 ── 30 g
　｜無調整豆乳 ── 10 g
いちご ── 6個（ヘタを落とす）

[いちごクリーム]

生クリーム ── 150 g
きび砂糖 ── 大さじ1
いちごパウダー ── 小さじ2

‖ ‖ ‖ ‖ ‖

Point

シュワふわの軽い食感。
メレンゲは、1回目はしっ
かりと混ぜ、2、3回目
は泡を崩さないようにや
さしく混ぜるのがコツ。

準 備

・材料を計量する
・卵は使う直前に冷蔵庫から取り
　出す
・オーブンは180度に予熱する

つくり方

1.

卵を卵黄と卵白に分ける。
ボウルに卵黄ときび砂糖
30 gを入れ、白っぽく
もったりするまで混ぜた
ら、Aを入れてホイッパー
で混ぜる。米粉を加えて
ヘラで混ぜ合わせる。

お子さんと一緒に！

もったりするまで
混ぜます！

2.

別のボウルに卵白を入れ
ハンドミキサーで泡立て
たら、きび砂糖30 gを
加えてツノが立つまで泡
立て、メレンゲをつくる。
メレンゲを1に3回に分け
て加える。カップに生地
を流し込み、オーブンで
約20分焼く。

3.

ボウルにいちごクリーム
の材料を入れ、ハンドミ
キサーで泡立てて絞り袋
に入れ、袋の先端を1の
シフォンケーキの真ん中
に差し込み、いちごク
リームを絞る。上にいち
ごを飾る。

29

こくが深くて食べ応えあり！

抹茶と桜の米粉ブラウニー

材料 （10×10cmのスクエア型1個分）

A｜ホワイトチョコレート ── 2枚（90g）
　｜無塩バター ── 30g
きび砂糖 ── 大さじ1
卵 ── 1個
B｜米粉（サラサラタイプ）── 15g
　｜抹茶パウダー ── 5g
桜フリーズドライパウダー ── 適量

［仕上げ］
粉糖 ── 適量

準備
・材料を計量する
・卵は室温にもどし、溶きほぐしておく
・抹茶パウダーはふるっておく
・オーブンは170度に予熱する

‖　‖　‖　‖　‖

Point

型は100円ショップなどで
売っているブラウニー型。
小ぶりでそのままラッピン
グできるので、ママ友宅へ
の手土産にも。

つくり方

1.
耐熱ボウルにAを入れ、
600Wの電子レンジで約1
分加熱して溶かす。

2.
きび砂糖を加えてホイッ
パーで混ぜ、さらに卵を
数回に分けて加え、その
つど混ぜる。

3.
Bを加えてヘラで混ぜ、
型に流し込みオーブンで
18〜20分焼く。粗熱が
取れたら粉糖を茶こしで
ふるい、桜パウダーをち
らす。

お子さんと一緒に！

Bの抹茶パウダーなどを
ボウルに！

ちょっとした軽食やおつまみにも

新玉ねぎとチーズの
米粉マフィン

材料 （直径6.5cmのマフィン型6個分）

米粉（サラサラタイプ）⋯⋯ 120 g
新玉ねぎ ⋯⋯ 1個（約190 g）
ベーキングパウダー ⋯⋯ 5 g
A｜卵 ⋯⋯ 1個
　｜きび砂糖 ⋯⋯ 20 g
　｜塩 ⋯⋯ ひとつまみ
B｜無調整豆乳 ⋯⋯ 50 g
　｜米油 ⋯⋯ 30 g
ピザ用チーズ ⋯⋯ 適量

[仕上げ]
パセリ ⋯⋯ 少々

準備 ・材料を計量する
　　　 ・卵は室温にもどす
　　　 ・型にグラシンカップを入れておく
　　　 ・オーブンは170度に予熱する

Point

しっかり炒めて甘みを引き出した新玉ねぎとチーズの塩気が相性抜群！
大人用にはブラックペッパーをふっても！

つくり方

1.
玉ねぎをみじん切りにし、米油小さじ2（分量外）を熱したフライパンでしんなりするまで炒める。

2.
ボウルにAを入れホイッパーでもったりするまで混ぜ、さらにBを加えて混ぜ合わせたら、米粉、ベーキングパウダー、1の玉ねぎ（トッピング用に少し取り分ける）を加えてヘラで混ぜる。

3.
型に生地を流し込み、取り分けておいた玉ねぎとチーズをトッピングする。オーブンで約20分焼き、パセリを飾る。

お子さんと一緒に！

チーズをトッピング！

米粉を入れることで口どけなめらか

とろける米粉の抹茶豆乳プリン

材料 （2人分）

米粉（サラサラタイプ）── 大さじ2
無調整豆乳 ── 200 g
きび砂糖 ── 大さじ2
抹茶パウダー ── 大さじ1

[仕上げ]
黒蜜、きな粉 ── 適量

準備　・材料を計量する
　　　　・米粉と抹茶パウダーはふるう

Point

まるで生プリンのとろ～
り食感。火にかけている
間は目を離さず、とろみ
がつくまで、絶えず混ぜ
ることがポイント。

つくり方

1.
小鍋に全ての材料を入れ、
ホイッパーでよく混ぜる。

2.
弱火にかけ、ホイッパー
でとろみがつくまで約3
分半混ぜ続ける。

3.
容器に入れ、粗熱が取れ
たら冷蔵庫で約2時間固
まるまで冷やし、黒蜜と
きな粉をかける。

お子さんと一緒に！

ダマにならないよう
よく混ぜます！

ふわっとした食感が絶妙

米粉のびわオムレット

材 料 （直径約11cm×3枚分）

米粉（サラサラタイプ）⋯⋯ 35g
ベーキングパウダー ⋯⋯ 2g
A ┃ 卵 ⋯⋯ 1個
　┃ きび砂糖 ⋯⋯ 大さじ1
B ┃ 無調整豆乳 ⋯⋯ 大さじ2
　┃ 米油 ⋯⋯ 大さじ2

[フィリング]
生クリーム ⋯⋯ 150g
きび砂糖 ⋯⋯ 大さじ1
びわ ⋯⋯ 3個

準 備
・材料を計量する
・びわは半分に切り、皮をむき種を取りのぞいておく
・卵は室温にもどす
・オーブンシートを15×15cmに切ったものを3枚用意する

‖　‖　‖　‖　‖

Point

試作を重ねた、ふんわり
やわらかい生地が自慢の
レシピです。卵はツノが
おじぎをするくらいまで
しっかり泡立てます。

つくり方

1.

ボウルにAを入れて、60
度くらいの湯煎にかけな
がらハンドミキサーでツノ
がおじぎをするぐらい
まで泡立てる。湯煎から
はずし、米粉とベーキン
グパウダーを加えてヘラ
で底からすくうように混
ぜ、Bを加えてさらに混
ぜる。
薄く米油（分量外）をぬっ
たフライパンを中火で熱
し、一旦ぬれ布巾にのせ
て粗熱を取る。弱火にし
て1/3量を丸く流し込み、
ふたをして1分焼き、裏
返して数秒焼く。残りの
2枚も同様に焼く。

2.

オーブンシートに1をの
せ、シートごと両端を持
ち上げクリップでとめて
オムレット型にする。

3.

ボウルに生クリームとき
び砂糖を入れてハンドミ
キサーで泡立て、2には
さむ。びわをトッピング
する。

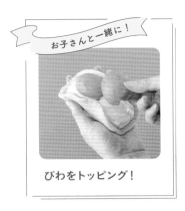

お子さんと一緒に！

びわをトッピング！

レンジを使ってあっという間

米粉のいちご大福

材料 （4個分）

A 米粉（ドロドロタイプ）── 50 g
　水 ── 100ml
　きび砂糖 ── 小さじ2
いちご ── 4個（ヘタを落とす）
あんこ（市販のもの）── 80〜100 g

準備 ・材料を計量する

つくり方

1.
耐熱ボウルにAを入れてヘラで混ぜる。ラップをかけずに600Wの電子レンジで50秒〜1分加熱し、取り出して混ぜ、再び40秒加熱して混ぜる。

2.
いちごを4等分したあんこで包む。

お子さんと一緒に！

あんこで
包みましょう！

3.
手を水でぬらして、1の生地を手のひらで丸くのばし、いちごの先端側から包む。外側に米粉（分量外）を少々はたく。

|| || || || ||

Point

もち米とちがって米粉だから、時間が経っても、冷蔵保存しても固くならない！　果物は、季節に合わせてアレンジしても。

キウイの酸味がアクセント！

キウイの米粉ミルクレープ風

材料 （14×6.5cm 3個分）

米粉（サラサラタイプ）⋯⋯ 50g

A｜卵 ⋯⋯ 1/2個
　｜無調整豆乳 ⋯⋯ 140g
　｜きび砂糖 ⋯⋯ 大さじ1/2
　｜米油 ⋯⋯ 大さじ1/2

キウイ（緑、黄）⋯⋯ 3個

B｜生クリーム ⋯⋯ 200g
　｜きび砂糖 ⋯⋯ 大さじ2

Point

卵焼き器でつくるミルクレープ。もっちりクレープ生地に甘酸っぱいキウイとやさしい口どけの生クリームが絶妙です。

準備
・材料を計量する
・キウイは0.5cm幅の輪切りにし、キッチンペーパーで水気を取る
・Bは泡立てておく

つくり方

1.

ボウルにAを入れてホイッパーで混ぜ、米粉を加えて混ぜ合わせる。

2.

卵焼き器を熱し、米油（分量外）をキッチンペーパーで全体に薄くぬり、ぬれ布巾にのせて粗熱を取る。生地を流し込み広げて弱火で焼く。表面が乾き、まわりが色づいてきたら、生地を裏返して10秒程焼く。同様に5枚焼く。

3.

生地が冷めてから、Bの生クリーム、キウイ、Bの生クリームの順に重ね、生地を折りたたむ。

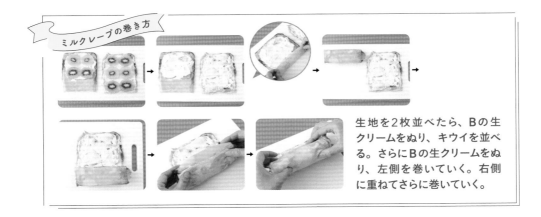

ミルクレープの巻き方

生地を2枚並べたら、Bの生クリームをぬり、キウイを並べる。さらにBの生クリームをぬり、左側を巻いていく。右側に重ねてさらに巻いていく。

こどもにも、大人にも大人気！

新じゃがのカレーポテト

材料 （2人分）

新じゃがいも ── 2個（約240ｇ）
A｜米粉（ドロドロタイプ）── 大さじ2
　｜オートミール ── 大さじ2
B｜カレー粉 ── ふたつまみ
　｜きび砂糖 ── ひとつまみ
　｜塩 ── ふたつまみ
米油（揚げ油）── 適量

[仕上げ]
乾燥パセリ ── 適量

準備　・材料を計量する
　　　　・じゃがいもはよく洗う

‖　‖　‖　‖　‖

P o i n t

甘じょっぱくて、誰にでもウケるカレー味。皮つきで使うことで、皮に含まれる栄養素もしっかり摂ることができます。

つくり方

1.

じゃがいもは、皮つきのまま8等分のくし形に切る。深めの容器にAを入れて混ぜ、衣をつくる。小さい容器に水（分量外）を入れ、じゃがいもをくぐらせたら、すぐに衣をつける。

2.

小さめのフライパンに米油を高さ1cm程そそいで熱し、中温で1の両面をこんがり揚げ焼きにする。

3.

ボウルにBを入れて混ぜ、2を加えてまぶして器に盛り、パセリをちらす。

お子さんと一緒に！

衣をつける
ところを親子で！

こどもと楽しむコツ

1

ママの気持ちに
余裕があるときに

気持ちに余裕があると、こどもが
手順を間違えたり、材料や道具を
散らかしてしまっても、おおらか
な気持ちでいることができます。
せっかく一緒につくるのに怒って
お互い嫌な気持ちになるのはもっ
たいないと思います。
あとは、散らかってもいいように
テーブルや床に新聞紙をしいて、
後の掃除が大変にならないように
するのもおすすめです。

2

こどもに
無理強いはしない

年齢にもよりますが、声をかけて
も、本人が乗り気ではないとき
は、こどもの気持ちを優先して。
我が家の息子もそうです。私がつ
くっていたら、ふら〜っとそばに
来て「これやりたい！」とか。そ
のときはおもいっきり任せるよう
にしています！

3

想像しながら楽しむ

例えば卵と砂糖を混ぜた後に、
「豆乳を加えたら何色になるのか
な？」とか、「どんな匂いがするの
かな？」「できあがりはどうなる
んだろうね？」ってそんな話がで
きるのも親子でおやつをつくると
きの楽しみのひとつ。
息子も、2、3歳くらいのとき
は、よく材料をクンクンしたり
してました。そういう時間も、
ちょっと実験みたいで楽しいもの
です。

4

こどもの自由にさせる

こねたり丸めたりって、こどもに
とっては粘土遊びと同じ感覚だと
思います。仕上がりの形に丸める
だけではつまらなくて、おもしろ
い形をつくったりします。我が家
でもそんなときは「じゃあこれが
どうなるか楽しみだね」とそのま
ま仕上げたりすることも。
もしそれで失敗したらそれも経
験。次はこうするのがいいねって
そんな話もできます。

ひんやり涼しげ＆元気をチャージ！

夏のおやつ

とうもろこしやメロンなどこの季節ならではの旬の素材を使ったおやつのほか、スイカやバナナを使ったアイスなども！　できるだけレシピをかんたんにすることで、暑い夏でも、おやつづくりができるように工夫してあります。

おやつにもおつまみにも◎

とうもろこしの海苔塩からあげ

材料 （2人分）

米粉（ドロドロタイプ）—— 大さじ2
生とうもろこし —— 1本
米油（揚げ油）—— 適量

[仕上げ]
青海苔 —— 適量
塩 —— 適量

準備 ・材料を計量する

Point

インスタで1番バズったレシピ。米粉は油の吸収が抑えられるので軽い仕上がり。芯つきですが、芯は固いので食べないで！

つくり方

1.
とうもろこしを横に3等分、さらに縦に4等分に切る。

2.
とうもろこしに米粉をまんべんなくまぶす。

3.
鍋に高さ1.5cm程の米油を熱し、中温で揚げる。青海苔と塩を全体にまぶす。

お子さんと一緒に！

米粉をまんべんなくまぶしましょう！

豆乳でマイルドな味わい

スイカシャーベット

材料 （つくりやすい分量）

スイカ（果肉）…… 200 g
A｜米粉（サラサラタイプ）…… 大さじ1
　｜無調整豆乳 …… 50 g
　｜きび砂糖 …… 大さじ2

準備 ・材料を計量する

Point

冷凍庫でカチコチに固まるので、食べるときは少し室温に戻したり、手の熱でもんだりしてから召し上がってください！

つくり方

1.

鍋にAを入れてホイッパーでダマがなくなるまで混ぜ、弱火にかける。ヘラで混ぜていき、とろみが出てきたら火からおろし、粗熱をとる。

2.

スイカは皮と種を取り、フリーザーバッグに入れて粗めにつぶす。1を加えてもみながら混ぜ合わせる。

3.

空気を抜いて平らにして口をしめ、冷凍庫で約3時間程冷やす。

お子さんと一緒に！

袋の上からつぶして！

49

軽い食感にレモンのさわやかな香り

米粉のレモンパウンドケーキ

材料 （18cmのパウンド型1本分）

米粉（サラサラタイプ）── 100 g
ベーキングパウダー ── 4 g
A｜卵 ── 2個
　｜きび砂糖 ── 30 g
米油 ── 60 g
レモン汁 ── 大さじ1

[レモンアイシング]
粉糖 ── 30 g
レモン汁 ── 7 g

準備　・材料を計量する
　　　　・卵は室温にもどす
　　　　・型にオーブンシートをしいておく
　　　　・オーブンは170度に予熱する

Point

焼きたてはふんわり、時間が経つとしっとり＆もっちり。卵ときび砂糖をしっかり混ぜるとふんわり仕上がります。

つくり方

1.

ボウルにAを入れ、ホイッパーでとろっとするまでよく混ぜたら、米油を加えて混ぜる。米粉とベーキングパウダーを加えてヘラで混ぜたら、最後にレモン汁を加えて混ぜる。

2.

型に1を流し入れ、空気抜きをしたら、オーブンで約30分焼く。焼き始め10分で、生地の真ん中に長辺にそって、縦にナイフで切れ目を入れる。

3.

粉糖にレモン汁を2回に分けて入れ、混ぜながらアイシングをつくる。粗熱が取れたパウンドケーキの上にかけ、お好みでレモンの皮（分量外）をのせる。

お子さんと一緒に！

Aをとろっとするまで混ぜます。

軽食がわりにもおすすめ

米粉のコーンマフィン

材料 （直径6.5cmのマフィン型6個分）

米粉（サラサラタイプ）── 120g
生とうもろこし ── 1本
ベーキングパウダー ── 5g
A｜卵 ── 1個
　｜きび砂糖 ── 20g
B｜無調整豆乳 ── 50g
　｜米油 ── 30g
　｜はちみつ ── 大さじ1
粉チーズ ── 15g

‖　‖　‖　‖　‖

Point

コーンたっぷりのふんわ
り食感。冷凍保存もでき
るので、忙しい日の朝ご
はんやちょっとした軽食
としてもおすすめです。

準備 ・材料を計量する
　　　 ・とうもろこしは実をそいでおく
　　　 ・卵は室温にもどす
　　　 ・型にグラシンカップを入れておく
　　　 ・オーブンは180度に予熱する

つくり方

1.

ボウルに**A**を入れホイッ
パーでとろっとするまで
よく混ぜ、さらに**B**を加
えて混ぜ合わせる。

2.

1に米粉、ベーキングパ
ウダー、粉チーズを加え
てヘラで混ぜたら、最後
にとうもろこしを加えて
混ぜる。トッピング用の
とうもろこしを少し取っ
ておく。

3.

型に生地を流し込み、2
で取り分けたとうもろこ
しをトッピングし、オー
ブンで約20分焼く。

お子さんと一緒に！

とうもろこしを
トッピング！

フランスの伝統菓子をかんたんアレンジ

ベリーの豆乳クラフティ

材料 （直径14×底径11.5cmの耐熱容器1個分）

米粉（サラサラタイプ）── 25 g
A ┃ 卵 ── 1個
　 ┃ メープルシロップ ── 30 g
無調整豆乳 ── 100 g
冷凍ベリー ── 30 g

[仕上げ]
粉糖 ── 適量

準備　・材料を計量する
　　　　・卵は室温にもどす
　　　　・容器に米油（分量外）をぬっておく
　　　　・オーブンは170度に予熱する

‖　‖　‖　‖　‖

Point

卵と豆乳で味に深みを加え、もっちりぷるんとした食感に仕上げました。バニラアイスを添えてもおいしい。

つくり方

1.
ボウルにAを入れホイッパーでやさしく混ぜ、米粉、豆乳を順番に加えながら混ぜる。

2.
容器に1を流し入れ、凍ったままの冷凍ベリーをのせる。

3.
オーブンで約25分焼き、冷めたら粉糖を茶こしでふるう。

お子さんと一緒に！

焼く前に
ベリーをのせて！

米粉でつけたとろみでまろやか

米粉のチョコバナナアイス

材料 （つくりやすい分量）

A｜米粉（サラサラタイプ）── 大さじ1
　｜無調整豆乳 ── 100ｇ
　｜メープルシロップ ── 大さじ2
バナナ ── 2本（皮つきで160ｇ〜180ｇ）
板チョコ ── 1枚（50ｇ）

準備 ・材料を計量する
　　　・チョコは刻む

つくり方

1.

鍋にAを入れてホイッパーでダマがなくなるまで混ぜ、弱火にかける。ヘラで混ぜていき、とろみが出てきたら火からおろし、粗熱を取る。

2.

フリーザーバッグにバナナを入れ、袋の外から手でもんでつぶし、1を加えてさらにもみながら混ぜる。

お子さんと一緒に！

もみもみするのを
お手伝い！

3.

チョコを加えて軽く混ぜ、空気を抜いて平らにして口をしめ、冷凍庫で約2時間冷やす。カチコチになるので食べるときは少し室温に戻し、手の熱でもんだりしてからいただく。お好みでチョコやバナナ（どちらも分量外）を飾る。

‖　‖　‖　‖　‖

Point

バナナのやさしい甘さにチョコがアクセント。冷やす際は30分おきにもんだり、ブレンダーなどを使うとよりなめらかに。

ヘルシー＆フルーティなタルト

米粉のメロンタルト

材料 （直径12cmの型2個分）

[タルト生地]
米粉（ドロドロタイプ）── 50g
オートミール ── 50g
アーモンドプードル ── 20g
A｜メープルシロップ ── 30g
　｜米油 ── 35g

[カスタードクリーム]
米粉 ── 大さじ2
B｜無調整豆乳 ── 150g
　｜卵 ── 1個
　｜メープルシロップ ── 30g

[トッピング]
メロン（中玉）── 1/4個

‖　‖　‖　‖　‖

Point

生地はオートミール入り
でザクザク食感。カスター
ドクリームは豆乳とメープ
ルシロップでつくったヘル
シーなタルトです。

準備　・材料を計量する
　　　　・アーモンドプードルはふるう
　　　　・卵は室温にもどす
　　　　・オーブンは170度に予熱する

つくり方

1.
ボウルにAを入れてヘ
ラで混ぜ、米粉とオート
ミール、アーモンドプー
ドルを加えて混ぜ合わせ
る。米油（分量外）をぬっ
た型に指でしき詰める。
オーブンで約25分焼く。

2.
耐熱ボウルにBを入れて
ホイッパーで混ぜ、さら
に米粉を加えて混ぜる。
ラップをかけずに600W
の電子レンジで2分加熱
し、ホイッパーで混ぜた
ら、再び40〜50秒加熱
して混ぜる。

3.
1も2も冷めたら、1に2
を入れ、角切りにしたメ
ロンを並べる。お好みで
ハーブ（分量外）を飾る。

お子さんと一緒に！

型に生地を
しき詰めるところを！

おすすめデコレーション

焼いただけのシンプルなお菓子もデコレーションをすると華やかに。お友達とのおやつタイムも笑顔が広がります。100円ショップのデコペンや、マーブルチョコ、ナッツなどを活用して。ちょっとしたギフトにもおすすめです。

チョコペンでストライプ模様に。

イエローのチョコペンとアラザンで。

ホワイトチョコチップにチョコペンで黒目部分を。

アイシング＋くだいたナッツで。

ストロベリーチョコを溶かしたものに、白いチョコペンでドットを。

ほっこり濃厚な味わいに大満足

秋のおやつ

さつまいもや栗など、秋の味覚が楽しめるおやつがせいぞろい。米粉は、まんじゅうやおやき、どら焼きなど和のおやつにもぴったり。食欲の秋は、きっと家族みんなが「あともう1個」「もうひと切れ」と、ついつい手をのばしてしまうはず。

かぼちゃのシナモンドーナツ

RICE FLOUR
AUTUMN

材料 （約16個分）

米粉（ドロドロタイプ）── 150g
ベーキングパウダー ── 5g
かぼちゃ ── 正味80g
A｜卵 ── 1個
　｜はちみつ ── 大さじ2
　｜きび砂糖 ── 大さじ2
無塩バター ── 30g
米油（揚げ油）── 適量

[仕上げ]
シナモンパウダー ── 適量
粉糖 ── 適量

‖　‖　‖　‖　‖

Point

生地にかぼちゃを混ぜ込むことで、野菜をおいしく食べることができるドーナツです。外はサクッ、中はしっとり。

準備

・材料を計量する
・卵は室温にもどす
・バターは600Wの電子レンジで約40秒加熱し溶かす
・かぼちゃは種、わたと皮を取りのぞき一口大に切る

つくり方

1.

耐熱ボウルにかぼちゃを入れてラップをし、600Wの電子レンジで約2分加熱し、麺棒でつぶす。

2.

Aを加えてホイッパーで混ぜ、溶かしバターを加えて混ぜ合わせる。米粉とベーキングパウダーを加えてヘラで混ぜ、粉っぽさがなくなったら手のひらで転がし一口大（約20g）に丸める。

お子さんと一緒に！

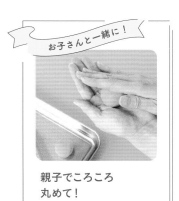

親子でころころ
丸めて！

3.

鍋に高さ2cm程の米油を熱し、低温で揚げる。シナモンパウダーと粉糖を同量ずつ合わせたものを茶こしでふるう。

水分調整が味の決め手！

米粉の鬼まんじゅう

材料 （6個分）

米粉（ドロドロタイプ）—— 60 g
さつまいも —— 150 g
A｜はちみつ —— 20 g
　｜きび砂糖 —— 20 g
　｜塩 ひとつまみ
水 —— 小さじ1

‖　‖　‖　‖

Point

米粉を加えた後、粉っぽ
さが残る場合は水を少し
ずつ足して調整を。さつ
まいも同士がドロッと絡
まるくらいにします。

準備

・材料を計量する
・さつまいもは皮がついたまま
　1.5cm角に切り、水に5分さら
　す

つくり方

1.

ボウルに水を切ったさつ
まいもを入れ、Aを加え
て大きいスプーンでしっ
かり混ぜ合わせ、約10分
置く。

2.

米粉を加えて混ぜ、粉っ
ぽい場合は水を加えて調
整し、シリコンカップ（9
号）に入れる。

お子さんと一緒に！

カップに
入れるところを！

3.

フライパンにシリコン
カップの1/3程度がつか
る高さの水をわかし、シ
リコンカップを並べる。
布巾で覆ったふたをし、
弱火で13〜15分蒸す。

かんたんなのに味は本格的！

スイートポテトケーキ

材料 （直径15cmの丸型1個分）

さつまいも ── 1本（約300 g）
A｜無調整豆乳 ── 180 g
　｜メープルシロップ ── 40 g
　｜卵 ── 1個
　｜米粉（サラサラタイプ）── 大さじ2

準備
・材料を計量する
・さつまいもは皮をむき、幅2cmの輪切りにし、
　水にさらす
・卵は室温にもどす
・型にオーブンシートをしいておく
・オーブンは170度に予熱する

Point

生クリーム、バター、砂糖不使用でも、しっとりなめらか、まろやかな味わい。さつまいも大量消費にもおすすめです。

つくり方

1.
さつまいもをやわらかくなるまで茹でたら、ボウルに入れて麺棒でペースト状につぶす。

2.
1にAの材料を上から順に加え、そのつどホイッパーで混ぜ合わせる。

3.
型に2を流し入れ、数回空気抜きをし、オーブンで約30分焼く。

お子さんと一緒に！

麺棒でしっかり
つぶして！

こんがり焼き目も食欲をそそる

米粉のきのこおやき

材料 （4個分）

[生地]
米粉（サラサラタイプ）── 100 g
絹豆腐 ── 50 g（水切り不要）
ベーキングパウダー ── 4 g
ぬるま湯 ── 30ml

[具材]
きのこ（しめじやえのきなどお好みで）── 150 g
A｜醤油 ── 小さじ2
　｜みりん ── 小さじ1
　｜きび砂糖 ── 小さじ1
米油 ── 小さじ1

Point

食べ応えがあって、腹持
ちがいい！　ぜひ焼き立
てを。時間が経った場合
は、レンジで少し温める
と焼き立ての味わいに。

準備　・材料を計量する
　　　　・きのこは石づきをのぞき、食べやすい大きさにほぐしたり、必要に応じて切る

つくり方

1.
フライパンに米油を熱し、きのこを中火で炒め、しんなりしてきたらAを加えて水気がなくなるまで炒める。

2.
ボウルに米粉、豆腐、ベーキングパウダーを加えて手で混ぜ、ぬるま湯を少しずつ加えながら、耳たぶぐらいのやわらかさにまとめる。生地を4等分して、ラップとラップの間にはさみ、麺棒でのばして1を包む。

3.
フライパンに薄く米油（分量外）をぬり2を並べ、ふたをして弱火で5分焼く。こんがり色づいたら、裏返して反対側も同様にふたをして弱火で5分焼く。

お子さんと一緒に！

手につかない
やわらかさにこねて！

やわらか食感にお茶の香りが際立つ

米粉のほうじ茶カステラ

材料 （18cmのパウンド型1本分）

米粉（サラサラタイプ）⸺ 50g
ほうじ茶パウダー ⸺ 小さじ2
A┃卵 ⸺ 2個
　┃きび砂糖 ⸺ 30g
B┃はちみつ ⸺ 大さじ1
　┃みりん ⸺ 大さじ1
　┃無調整豆乳 ⸺ 大さじ1

‖　‖　‖　‖　‖

Point

保存する場合は、カット
してひと切れずつラップ
にくるんで冷凍庫へ。食
べるときは自然解凍後に
数秒レンジで温めます。

準備　・材料を計量する
　　　　・米粉とほうじ茶パウダーを合わせてふるう
　　　　・卵は室温にもどす
　　　　・型にオーブンシートをしいておく
　　　　・オーブンは180度に予熱する

つくり方

1.

ボウルにAを入れ、湯煎
しながらハンドミキサー
の強で3分程泡立て、ツ
ノがおじぎするくらいに
なったら、Bを加えて混
ぜる。

2.

湯煎からおろしてボウル
のまわりをふき、米粉と
ほうじ茶パウダーを加え
てヘラで底からすくうよ
うに混ぜ合わせる。

3.

型に生地を流し竹串で気
泡を取り、180度のオー
ブンで10分、160度に下
げて20分焼く。

お子さんと一緒に！

**ふるった粉類を
ボウルに！**

RICE FLOUR
AUTUMN

ザクザクとした食感も楽しい

レーズンとナッツのビスコッティ

材料 （12本分）

米粉（ドロドロタイプ）── 90g
アーモンドプードル ── 20g
ベーキングパウダー ── 4g
A｜卵 ── 1個
　｜メープルシロップ ── 30g
　｜米油 ── 大さじ1
レーズン ── 30g〜（お好みで）
無塩ミックスナッツ ── 30g〜（お好みで）

Point

食べ応え十分の食感。多めにつくっておけば、小腹のすいたときなどにちょこっとつまめるのでおすすめです。

準備
・材料を計量する
・アーモンドプードルはふるう
・レーズンはお湯をかけてキッチンペーパーで水気をふく
・ナッツは粗く刻む
・卵は室温にもどす
・天板にオーブンシートをしいておく
・オーブンは180度に予熱する

つくり方

1.
ボウルにAを入れ、ホイッパーで混ぜ合わせる。米粉、アーモンドプードル、ベーキングパウダーを加えてヘラで混ぜたら、レーズン、ナッツを加えてさらに混ぜる。

2.
手で生地をひとまとまりにし、横16×縦10cmくらいの楕円形に整える。

お子さんと一緒に！

焼く前の成形を
親子で！

3.
オーブンで約20分焼き、一度取り出し1.2〜1.5cm幅にそっとやさしくカットし、ひとつずつ横に倒してから、160度に下げ20分焼く。

甘栗をあんにするのがポイント

米粉の栗どら焼き

材料 （直径約8.5cm×3個分）

[生地]
米粉（サラサラタイプ）── 100g
ベーキングパウダー ── 4g
A｜無調整豆乳 ── 75g
　｜米油 ── 大さじ2
　｜みりん ── 大さじ1
　｜はちみつ ── 大さじ1
　｜きび砂糖 ── 大さじ1

[栗あん]
甘栗 ── 80g
B｜無調整豆乳 ── 30g
　｜きび砂糖 ── 20g
　｜米粉 ── 小さじ1

Point

もっちりやさしい甘さの
どら焼きです。甘栗は、
どこでも買えて、お手頃
な価格なので、食べたい
ときにすぐつくれます！

準備 ・材料を計量する

つくり方

1.
ボウルにAを入れてホイッパーで混ぜ、米粉とベーキングパウダーを加えて混ぜる。

2.
熱したフライパンに米油（分量外）をキッチンペーパーなどで薄くしき、ぬれ布巾にのせて粗熱を取る。生地を丸く流し込み弱火で焼く。表面がプツプツしてきたら裏返して焼く。合計6枚焼く。

3.
耐熱ボウルに甘栗を入れラップをし、600Wの電子レンジで1分加熱して麺棒でつぶす。Bを加えて混ぜ、さらに約40秒加熱して混ぜる。2の生地にあんをのせ、別のもう1枚ではさむ。

お子さんと一緒に！

あんをはさむのを
親子で！

お魚嫌いでもパクパクいける！

米粉のお魚ナゲット

材料 （直径約5.5×4cmの楕円形約15個分）

白身魚 ── 約250g
絹豆腐 ── 80g（水切り不要）
卵 ── 1個
米粉（ドロドロタイプ）── 大さじ3
マヨネーズ ── 大さじ1
青のり ── 小さじ1
にんにくすりおろし ── 1片分
塩 ── ふたつまみ
米油（揚げ油）── 適量

準備 ・材料を計量する

つくり方

1.
白身魚を包丁で叩き、粗めのミンチ状にする。

2.
ボウルに米油以外の材料を全て入れ、よく混ぜ合わせてたねをつくる。

3.
鍋に高さ1.5〜2cmの米油を熱し、スプーンを使ってナゲットのたねを一口大に成形し、両面をこんがり揚げ焼きにする。お好みでケチャップ（分量外）を添える。

|| || || || ||

Point

魚が苦手なこどもでも、おやつ感覚で食べられます。カレイでつくっていますが、タラなど、お好みの白身魚を使って！

お子さんと一緒に！

材料をこねこね
しましょう！

かんたんラッピング

米粉のおやつは、ちょっとしたギフトやお返しにもぴったり。100円ショップのラッピングペーパー、OPP袋など透明な袋、リボンやタグなど、普段からいくつかストックしておくと便利です。

おやつを入れた透明な袋とタグに通したひもを一緒にホチキスで留めて、大人の雰囲気に。

箱やカップに入れて、透明な袋に入れてひもで結んだだけでも、ギフト感がアップ！

ラッピングペーパーは、100円ショップでもかわいい柄のものが手に入ります。

イベントにも活用できて楽しい！

冬のおやつ

クリスマス、お正月、バレンタインデーと行事が多く、友人や親戚などで集まる機会が多い冬にぴったりの、ちょっとだけ特別感のあるおやつもたくさんご紹介。つくったものをみんなに食べてもらう喜びをぜひ、お子さんとも共有してもらえたら。

甘酸っぱい香りが漂う

りんごと紅茶の米粉ケーキ

材料 （15×15cmのスクエア型1個分）

米粉（サラサラタイプ）── 100g
ベーキングパウダー── 4g
紅茶葉── 2g
りんご── 1/2個
A｜卵── 2個
　｜きび砂糖── 30g
無塩バター── 30g

‖　‖　‖　‖　‖

Point

すりおろしたりんごの風
味に香りよい紅茶が絶妙
にマッチ。かんたんで見
栄えがするので、おもて
なしにもぴったりです。

準備　・材料を計量する
　　　　・バターは600Wの電子レンジで40秒加熱し溶かす
　　　　・卵は室温にもどす
　　　　・型にオーブンシートをしいておく
　　　　・オーブンは170度に予熱する

つくり方

1.

りんごは芯を取り、半分
を薄切りに、残りの半分
はすりおろす。

2.

ボウルにA、すりおろし
たりんごを入れ、もった
りするくらいまでホイッ
パーでよく混ぜ合わせる。
米粉、ベーキングパウ
ダー、紅茶葉を加えてヘ
ラで混ぜ、最後に溶かし
バターを加えて混ぜる。

3.

型に生地を流し込み数回
空気抜きをし、薄切りに
したりんごをのせ、オー
ブンで25〜30分焼く。

お子さんと一緒に！

焼く前にりんごを
トッピング！

甘さ引き立つ塩加減が絶妙!

塩バニラスノーボールクッキー

‖ ‖ ‖ ‖

Point

さくほろ食感+塩味がクセ
になる味。バニラオイルは
ひとつあるといろいろ便
利。焼き菓子に最適な耐熱
性のものを選んで!

つくり方

1.

ボウルにバターを入れ、
ヘラでなめらかにする。A
を加えてヘラで混ぜ、米
粉を加えてさらに混ぜる。

2.

手で生地をひとまとめに
し、一口大に丸めて天板
に並べる。

お子さんと一緒に!

丸めて小さい
ボール状に!

材料 (約10個分)

米粉(ドロドロタイプ)── 80 g
無塩バター── 50 g
A｜ きび砂糖── 20 g
　｜ 塩── ふたつまみ
　｜ バニラオイル── 5滴

[仕上げ]

粉糖── 適量
塩── 少々

準備 ・材料を計量する
　　　・バターは室温にもどす
　　　・天板にオーブンシートをしいておく
　　　・オーブンは180度に予熱する

3.

オーブンで15〜20分焼
き、粗熱が取れるまでそ
のまま置く。粉糖と塩を
茶こしでふるう。

割ると黒豆が顔を出す

黒豆マドレーヌ

‖ ‖ ‖ ‖ ‖

Point

お正月のリメイクおやつ
に。マドレーヌ型がない
場合は、浅いケーキカッ
プでも○K！ 持ち運びも
手軽です。

つくり方

1.

ボウルにAを入れて、ホ
イッパーでよく混ぜ合わ
せる。

2.

米粉とベーキングパウ
ダーを加えてヘラで混ぜ、
溶かしバターを加えて混
ぜる。

3.

型に生地を入れ、キッチ
ンペーパーで水気をふい
た黒豆を入れ、オーブン
で13〜15分焼く。

材料 （直径5.5cmの紙のマドレーヌ型5個分）

米粉（サラサラタイプ）── 60g
ベーキングパウダー── 2g
無塩バター── 40g
A｜卵── 1個
　｜きび砂糖── 25g
　｜はちみつ── 5g
市販の黒豆煮── 40g

準備
・材料を計量する
・バターは600Wの電子レンジで40秒加熱し
　溶かす
・オーブンは180度に予熱する

お子さんと一緒に！

黒豆の水気を
切るのをお手伝い！

緑黄色野菜がたっぷり摂れる！

米粉のほうれん草キッシュ

84

材料 （直径18cmのタルト型1台分）

[タルト台]

A 米粉（ドロドロタイプ）── 120 g
アーモンドプードル ── 30 g
きび砂糖 ── 小さじ2
塩 ── ひとつまみ

無調整豆乳 ── 55 g
米油 ── 40 g

[アパレイユ]

卵 ── 2個
無調整豆乳 ── 80 g
ピザ用チーズ ── 40 g
塩、こしょう ── 3つまみ
ツナ缶（オイルタイプ）── 1缶（70 g）
ほうれん草 ── 1/2束

‖ ‖ ‖ ‖ ‖

Point

朝ごはんやランチにもお
すすめの一品。タルト生
地は崩れやすいので、手
で生地を型に押しつける
ように成形してください。

準備

・材料を計量する
・アーモンドプードルはふるう
・ツナ缶はオイルを切る
・ほうれん草は塩茹でし、5cm幅
　に切る
・型に薄く米油（分量外）をぬる
・オーブンは180度に予熱する

つくり方

1.

ボウルにAを入れヘラで
混ぜ、豆乳と米油を加え
て混ぜ合わせる。

お子さんと一緒に！

ヘラでしっかり
混ぜて！

2.

麺棒で1を型の底より少
し大きめにのばし、型
にしき詰め、余った分
は指で底にしき詰める。
フォークで底全体に穴を
あけ、オーブンで15〜
20分焼く。

3.

ボウルにアパレイユの材
料を全て入れ、ホイッ
パーで混ぜ合わせる。2
のタルト台に流し入れ、
オーブンで25〜30分焼
く。

もっちもちの食感がたまらない！

おもちポンデケージョ

材料 （約11個分）

米粉（サラサラタイプ）── 70 g
粉チーズ ── 30 g
ベーキングパウダー ── 2 g
A｜切りもち ── 2個
　｜無調整豆乳 ── 40 g
B｜米油 ── 大さじ1
　｜無調整豆乳 ── 大さじ4
ベーコン ── 30 g（ハーフ3枚）

‖　‖　‖　‖　‖

P o i n t

ブラジル発のチーズパンを
身近なおもちでアレンジ。
冷めると固くなるので、焼
きたてをぜひ！　冷めたら
レンジで少しチンして。

準備 ・材料を計量する
　　　 ・切りもちを4等分する
　　　 ・天板にオーブンシートをしいておく
　　　 ・オーブンは180度に予熱する

つくり方

1.

耐熱ボウルにAを入れ、
ラップをかけずに600W
の電子レンジで3分加熱
し、ヘラで混ぜる。

2.

1に0.5cm角に切ったベー
コン、米粉、粉チーズ、
ベーキングパウダーを加
えてヘラで混ぜ、Bを加
えて手でこねる。

3.

手の平で転がして丸め、
天板に並べる。オーブン
で約15分焼く。

お子さんと一緒に！

少し冷めたら
手でしっかりこねて！

みかんの甘酸っぱさがアクセント

みかんの
アップサイドダウンケーキ

材料（直径15cmの丸型1個分）

米粉（サラサラタイプ）── 100 g
アーモンドプードル ── 20 g
ベーキングパウダー ── 4 g
米油 ── 60 g
みかん ── 1〜2個
A｜卵 ── 2個
　｜きび砂糖 ── 30 g

‖　‖　‖　‖　‖

Point

みかんの量はサイズに合わせて調整を。ひっくり返した瞬間が楽しみなケーキ。かんたんなのに華やか。手土産にもおすすめです。

準備　・材料を計量する
　　　　・アーモンドプードルはふるう
　　　　・卵は室温にもどす
　　　　・型にオーブンシートをしいておく
　　　　・オーブンは170度に予熱する

つくり方

1.

みかんを0.5cm幅の輪切りにし皮を取りのぞく。キッチンペーパーでやさしくはさみ、水分をおさえる。

2.

ボウルにAを入れてホイッパーでもったりするまで泡立てる。米油を加えて混ぜ、米粉、アーモンドプードル、ベーキングパウダーを加えてヘラで混ぜる。

3.

型に1をしき詰める。2を流し、空気抜きをしてオーブンで約30分焼く。冷めたらひっくり返して皿にあけ、シートをはがす。

お子さんと一緒に！

型の底にみかんをしき詰めて！

ちょっぴりビター＆ヘルシー

米粉のフォンダンショコラ

材料 （内径7.7×高さ5.3cmのココット3個分）

[生地]
米粉（サラサラタイプ）── 60 g
ココアパウダー ── 20 g
チョコレート ── 100 g
無調整豆乳 ── 100 g
A ┃ 米油 ── 30 g
　 ┃ きび砂糖 ── 20 g

[ガナッシュ]
チョコレート ── 30 g
無調整豆乳 ── 大さじ2

準備 ・材料を計量する
　　　 ・耐熱容器にガナッシュ用のチョコレートと豆乳を入れ、600Wの電子レンジで約
　　　　 40秒程加熱し、混ぜてチョコレートを溶かし、冷凍庫で固めたら、3等分する
　　　 ・型に薄く米油（分量外）をぬる
　　　 ・オーブンは180度に予熱する

‖　　‖　　‖　　‖　　‖

Point

中からチョコがとろり。
バレンタインにも喜ばれ
るおやつです。マフィン
カップやココットに入れ
て焼いてください。

つくり方

1.

耐熱ボウルにくだいた
チョコレートと豆乳を
入れ、600Wの電子レン
ジで1分半程加熱し、ホ
イッパーで混ぜてチョコ
レートを溶かす。 Aを加
えて混ぜ、米粉、ココア
パウダーをふるいながら
加えて混ぜ合わせる。

2.

生地をココットの高さ1/3
程まで入れ、真ん中にガ
ナッシュを置き、上から
生地を流し入れてガナッ
シュを覆う。

3.

オーブンで約15分焼く。

お子さんと一緒に！

**チョコレートを
くだきましょう！**

クリスマス前にはぜひつくりたい！

米粉のシュトーレン風

材料 （つくりやすい分量）

米粉（サラサラタイプ）── 110 g
アーモンドプードル── 30 g
ベーキングパウダー── 5 g
ドライフルーツミックス── 80 g〜（お好みで）
A ┃ 無調整豆乳── 40 g
　┃ 米油── 40 g
　┃ メープルシロップ── 大さじ2

[仕上げ]
メープルシロップ── 適量
粉糖── 適量

‖　‖　‖　‖　‖

Point

ポロポロしやすいので
カットするときはやさし
く。時間が経ったら、少
しレンジで温めるのがお
すすめの食べ方です。

準備　・材料を計量する
　　　　・アーモンドプードルはふるう
　　　　・天板にオーブンシートをしいておく
　　　　・オーブンは180度に予熱する

つくり方

1.

ボウルにAを入れ、ホ
イッパーでよく混ぜ、米
粉、アーモンドプードル、
ベーキングパウダー、ド
ライフルーツを加えてヘ
ラで混ぜる。

2.

生地を両手でギュッとひ
とまとめにし、ボウルか
ら取り出して天板にのせ
る。16×14cmぐらいの楕
円形にし、両端を少しず
らして2つ折りにする。

3.

オーブンで約25分焼く。
粗熱が取れたらメープル
シロップをハケで表面に
薄くぬり、粉糖を全体に
茶こしでふるう。

お子さんと一緒に！

粉類をよく混ぜます！

おわりに

この本を手に取ってくださり、本当にありがとうございます。

本書で紹介しているレシピは、
・こどもにはなるべくからだにやさしいおやつを手づくりしたい方
・米粉に興味がある、お菓子づくりに興味がある方
・小麦アレルギーのある方
・こどもと一緒におやつをつくりたい方
に向けて、初心者の方やお菓子づくりはハードルが高いという方でも、かんたんに
つくれるレシピにしてあります。

「今日はこれをつくろっか」「またこれつくりたい！」「あれつくって！」などなど、この
本が、親子の楽しいおやつ時間のきっかけになればうれしいです。
お子さんによっては好き嫌いや好みもあると思うので、このレシピの中から親子の
お気に入りのレシピをぜひ見つけてみてください。

また、このように夢だったレシピ本を出せたのも、本当にいつも応援してくださるみ
なさんのおかげです。
みなさんの応援からいつも力をもらえていたからこそ、こうやって頑張ってこられた
し、みなさんから寄せられたコメントや写真、エピソードにいつもほっこりさせてもらっ
ています。

レシピ本を出版するにあたっては、プロフェッショナルな方々にもたくさん支えてい
ただきました。

本当にたくさんのご縁に恵まれて出版できた一冊です。
ありがとうございます！

旬の食材とともに米粉おやつを楽しんでいただけるとうれしいです。
この本が米粉のおやつをつくるひとつのきっかけになれば、こんなにうれしいことは
ありません。

「今日はおやつつくろっか」、そんなときに使ってもらえる身近な一冊になったら。

おやつ時間が親子のちょっと特別な時間になりますように。

2023年6月　さよ

PROFILE

さよ

愛媛県出身。2023年春より東京都在住。友人と焼いた米粉のパウンドケーキで息子が喜んだことがきっかけとなり、独学でお菓子づくりを始める。米粉ナチュラルおやつアドバイザーの資格を生かし、旬の食材を使った、こどもが喜ぶレシピを多数考案・発信している。

Instagram: @sayo_oyatu.recipe

こどもとつくる！
かんたん米粉(こめこ)おやつ

2023年6月30日　初版発行

著　者　さよ
発行者　山下直久
発　行　株式会社KADOKAWA
　　　　〒102-8177　東京都千代田区富士見2-13-3
　　　　電話 0570-002-301（ナビダイヤル）
印刷所　図書印刷株式会社
製本所　図書印刷株式会社

STAFF

協力　　　　　cotta

撮影　　　　　鈴木江実子
スタイリング　すずき尋巳（トリチェコ）
デザイン&DTP 池田香奈子
校正　　　　　文字工房燦光
編集協力　　　下関崇子
編集　　　　　長谷川華（はなぱんち）
編集担当　　　伊藤瑞華（KADOKAWA）